Herzlichen Glückwunsch zum Geburtstag, viel Money und vor allem Frauen wünscht Dir Dein Freund Peter! Ich hoffe, daß Dir einige Sachen aus diesem Comic nie passieren.

Peter [Signatur]

Lie|be, die; -, *Plur.* -n, Sammelbegriff für eine Vielzahl menschl. Gefühlsbindungen, denen die rational nur unvollständig begründbare Wertbejahung eines Subjekts oder Objekts zugrunde liegt und die als ein die eigenen Belange überschreitendes Hinstreben nach wirklicher oder ideeller Vereinigung mit dem Gegenstand erlebt werden.

NUR DIE LIEBE ZÄHLT

RALPH RUTHE

B&L

NUR DIE LIEBE ZÄHLT

erscheint bei

B&L

Boiselle & Löhmann
67071 Ludwigshafen

Vertrieb durch:

MSW Medien Service
Linde 72 – 74
42287 Wuppertal

© 1998 Ralph Ruthe/B&L

ISBN 3-926438-79-7

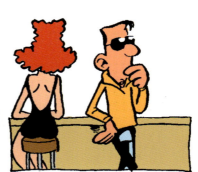

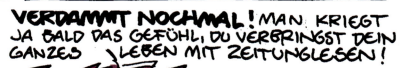

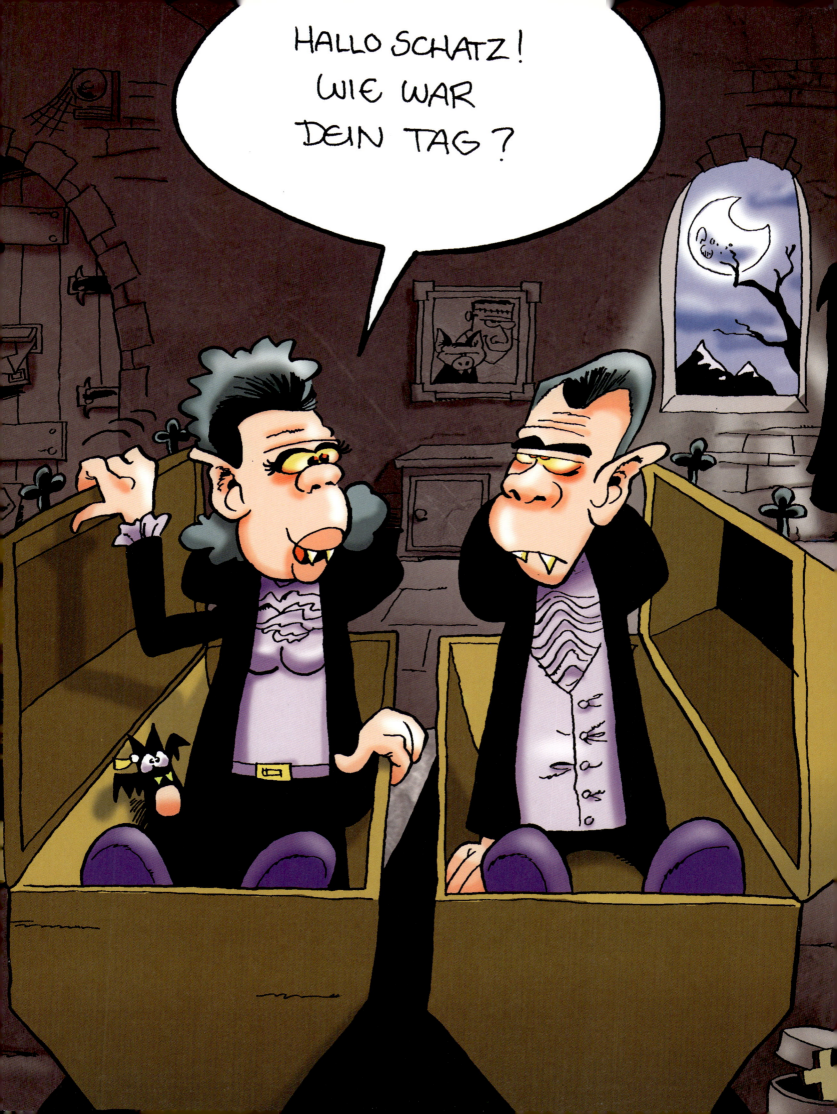

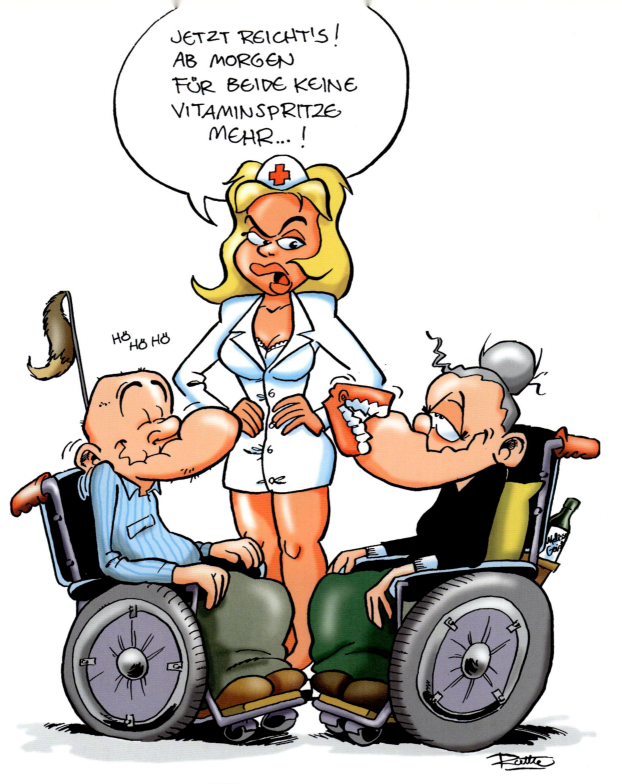